La suerte cambia la vida

JAVIER ESPAÑA

Premio Hispanoamericano
de Poesía para Niños 2004

f,l,m.
FUNDACIÓN PARA LAS LETRAS MEXICANAS

España, Javier
La suerte cambia la vida / Javier España ; ilus. de Cynthia Martínez . – México : FCE, 2004
40 p. : ilus. ; 24 x 18 cm
ISBN 968-16-7432-4

1. Literatura infantil I. Martínez, Cynthia, il. II. Ser III. t

LC PZ7 Dewey 808.068 E 578s

Primera edición en español: 2004

Ilustraciones de Cynthia Martínez
Diseño de Roxana Deneb Ruiz Bonilla | LMT

Coordinación: Miriam Martínez
Edición: Andrea Fuentes Silva
Dirección artística: Mauricio Gómez Morin

www.fondoculturaeconomica.com

ISBN 968-16-7432-4

Impreso en México / Printed in Mexico

Para Omar y para Estefanía,
y para mi abuela Hilda que no es mi madre y sí lo es.

Mira en el espejo, y di al rostro que ves
que ahora ya es tiempo de que ese rostro modele otro;
dado que si su fresco estado ahora no renuevas,
defraudas al mundo, dejando alguna madre sin bendición.

WILLIAM SHAKESPEARE, *Soneto III*

...tus amigos no son los del mundo.

CRI CRÍ, *La muñeca fea*

Omar soy yo

Omar le teme a los relámpagos, y yo soy Omar.
Si no tuviera un nombre fácil, como el Mar,
los relámpagos no me reconocerían.

La ventana se sacude al tronido del trueno que truena,
y la sombra del árbol que duerme en el patio
se despierta, sorprendida, sobre mi cama.

¿Nunca se irá la lluvia? ¿Nunca el miedo?
¿Cuánto ha vivido aquí? ¿Mis ocho años?
¿La edad de mi padre, de mi abuela, siempre?

Otro relámpago y otro: esta luz que duele.
Por eso temo a los relámpagos,
porque me descubren, saben quién soy yo,
quién fui antes de nacer y quién seré.

El ojo zurdo

El ojo zurdo mira otras cosas,
sabe de qué pie cojea el diablo,
dónde quedan las llaves olvidadas
y qué comió hoy esta mesa.
Hoy la luna ancló en mi ojo izquierdo
y pude ver el corazón de mi madre,
fuerte y dulce como los barcos
que salen a pescar y regresan con un sueño.
Mi ojo zurdo es como un viejo maestro,
que sabe dónde sangra la madera
y dónde el tigre raja el suelo con su rugido.

La suerte cambia la vida

Mi nombre se desliza
dentro del laberinto de mi oreja.
Se apaga al tocar el tambor
y no entiendo nada.
Así me hablo, no me escucho,
por eso me equivoco al hablarme,
al decir que soy Omar, hijo de la mujer y el hombre,
hijo del padre de mi padre, de la madre de mi madre,
que la suerte cambia la vida,
que la calla hasta callarse
o sólo le permite gemir para dictarme,
para nombrarme dentro del laberinto de mi oreja:
OOOOOOmmmmmmmaaaarrrr...
No suena el tambor. No sé quién habla.
Soy un sordo más.

El miedo

Me dan miedo las puertas cerradas,
por dentro o por fuera.
Por dentro es la asfixia,
por fuera la amenaza.

Por fuera: dragones,
calaveras de marinos despedazados,
isla lejana donde el tesoro son tres lunas,
pero custodiadas por un demonio y una cascada y una escalera imaginada.

Por dentro: la voz de mi padre
amenazando al asesino del televisor,
la oscuridad que se oculta en mi zapato,
el duende que sólo yo he visto y vive bajo la cama.
Y también la nieve que cae en mi patio en pleno sol tropical.
Pero lo peor es encontrar mi rostro,
sin quererlo, como ráfagas, en el espejo del rincón.
Y sé que no soy, no me parezco a quien abraza mi nombre,
a quien mi padre dedica palabras en papel.
Sólo soy yo y su miedo.
El espejo lo sabe.

Un cuadro

Miro en la pared un cuadro.
No es un cuadro,
es una ventana mordisqueando un paisaje.
No es una ventana,
es un hombre mirando mis ojos.
No es un hombre,
son mis ojos mirando una pared.
No es una pared,
es un cuadro de un hombre mirando una pared.
No es una pared.
No es una ventana.
No es un hombre.

Apaga mi papá las luces.
El mundo deja de existir.

Los colores

¿Cuándo dejarán de guardarse los colores
en las botellas, en la piel de los autos,
en las camisas y vestidos del tendedero?
¿Cuándo dejarán de venderse
para que sólo sepan a frutas,
a viento, a luna enferma,
a sol amaneciendo en mi bahía?
¿Cuándo para que sepan a blanco,
a azul, a amarillo, a rojo,
sólo a colores?

Dibujo de unicornio

Desde la página de mi cuaderno
he visto al unicornio sobre un lago
abrevar de la luz avergonzada
que cae de mi lámpara amarilla;
acostumbra a mirarme de reojo,
posando de perfil ante mi lápiz.
Cierro mi libreta antes que mi padre
lo descubra pastando entre mis manos.

Se hizo la luz

Cuando enciendo la luz
despiertan los rincones,
abren su voz de espejo
reflejando la vida.
Todas las palabras perdidas
se ocultan bajo los manteles.

Tam tam tambor, tamborileo niño

Escribo para, para, para, para mí, para mí.
El tambor con tu nombre en la barriga
golpea la luz y no es golpeado,
oculta tras su piel lo que describo
o no escribo en este verso cabalgante
de sílaba sobrante, asonante, antes y después,
y sigo en ritmo de golpear al Krupa de mi padre
que transpira bajo en tocacintas,
más viejo que el más joven tocando del tronco hueco
y sonante del tambor con tu nombre,
con tu, con tu, con tu, con tu nombre en la barriga.

El ritmo

Algo le da cuerda al tiempo
y pone a toser al corazón,
a caminar redondo a las bicicletas,
a hablar al reloj del parque.
Algo le da cuerda a las palabras
y se ponen a cantar como por primera vez,
como si dijeran un poema al amanecer.

Y cuando sea ayer

Y cuando el tiempo sea ayer
podré hablarle al silencio,
caminar sobre el canto de un arpa,
amanecer con la noche en el bolsillo
y decir amar sin miedo en mis labios.

Y cuando el tiempo sea ayer,
seré mi padre.

Historia secreta

Hace muchos años
la tierra fue creada por la nada.

Horizonte

¿Cuántas puertas y ventanas hay en el horizonte?
¿Cuál es la promesa que persiguen los marinos?
¿Qué vuelo de gaviotas dará con la respuesta?
¿Habrá soles creciendo en los jardines?
¿Hombres de sal que no temen al regreso?

Secreto descubierto

Fue el ojo de la cerradura
quien me miró escribir estas palabras,
y ahora la llave quiere abrir mi puerta.

El maniquí

Qué bellos ojos disecados.
El movimiento no es su piel,
aunque un ventarrón eleve su vestido
hasta sonrojarse para mí.

El figurante

El figurante
danza ante su ofrenda,
gira entre la ceniza.
En la plazuela teje adivinanzas,
la adivinanza cae de sus manos:
la luz que ciega.

Encuentro con un caracol

Encendí un caracol
para oír la hora del mar,
pero vinieron otras voces:
Cuántos naufragantes
de barcos que no supieron nadar.

Paisaje

El relámpago parte el mar:
es aguja de luz y es pez.

En la última oscuridad,
en el líquido profundo,
abraza a una piedra sin nombre.

(Nadie sabe de la ternura del relámpago.)

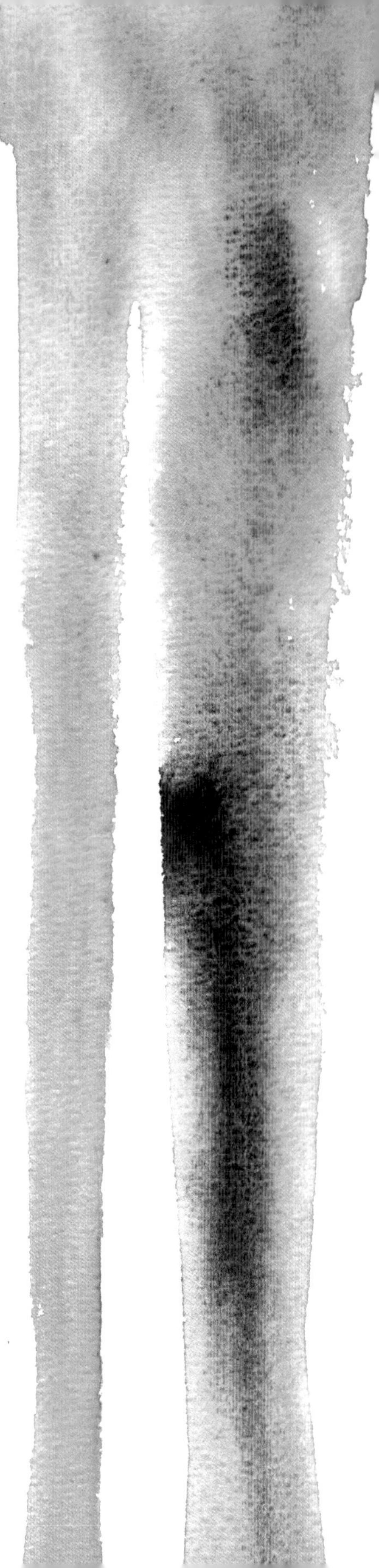

Veo gente más chica

Como un pequeño Dios que inventa destinos
aquel enano de lodo y andrajos,
con gigantescas manos de miseria y ausencia,
construye un barquito de papel
y lo arroja al oceánico charco interminable
con una rata gris como un timonel pirata.
Como un pequeño dios que inventa destinos.

Pasa el tiempo

Los rostros arrugados de las piedras
se marchitan de tiempo,
cumplen su cita de todos los siglos.

Aquí cavaron sus raíces porosas,
como cavaron su muerte
de todos los siglos.

Con sus cuerpos de ranas secas
amurallan el silencio
de todos los siglos.

Otro paisaje que escucho

El frágil murmullo
de la noche
retiene flores
ensombrecidas
entre sus manos
negras.

Extravío

Con una brújula rota
los ríos no encuentran al mar,
el norte pierde la certeza de su nariz respingada,
los árboles duermen todo el día,
el sol sale de noche.
Con una brújula rota
se pierden los sueños.

Algunos globos se fugan de las manos de los niños

Algunos globos se fugan
de las manos de los niños;
rasgan el viento,
temblorosos y gráciles
en su ambición infinita
de alas infatigables.
Obesos ladronzuelos
de enanitas ilusiones
y de ojos llorosos
de un niño despojado
de algún sueño mágico.

Aprendizaje del círculo y la luz

En el parque
el aro de Yazmín se detiene entre sus manos,
y entiendo por fin la geometría
y el sabor pegaso de su sonrisa.

Imprudencia del viento

De pronto el viento tira todo,
¿cómo podré escribir Yazmín
o dibujar su rostro junto al mío
si las hojas me vuelven las espaldas?

Algo no es nada

Algo descubre algo:
una puerta, una hoja, la mirada de Yazmín,
el humo tendido sobre la tarde,
las palabras que forman otras palabras,
la gota de agua al río de mi cuaderno.
Algo descubre algo:
otra puerta, una lámpara encarcelada en el espejo
y el insomnio abriendo mis ojos a estas horas
y haciéndose viejo.

Otra vez el miedo

¿Cuándo nació el miedo?
¿Vino envuelto en alguna hoja
que se posó en mi hombro, sin darme cuenta?
Me dicen que no debo temer,
que en la oscuridad no hay monstruos.
Pero hay oscuridad.
Que la noche es buena como el día.
Pero el día no vive en los rincones.
Que las heridas sólo duelen cuando sangran.
Pero he visto a mi abuela dolerse sin la sangre,
llorar sin una espina en el dedo.
¿Dónde nació el miedo?
¿Nadie se dio cuenta
cuando se vino a vivir con nosotros?
No quiero temer al silencio,
a quedarme solo, como mi abuela.

Coser los sueños

No pude adivinar en tus manos, madre,
un cielo con el rostro de mi leve hermana,
ni el corazón que crecería al mirar tus palabras.
Pero tus manos sabían estos secretos,
en medio de hilos y de agujas,
y aprendieron en el sol a coser los sueños.

Las hadas no existen

Las hadas no existen.
No brillan en el agua de los pozos,
no son mariposas de labios perfumados,
ni mujeres niñas
que vuelan alrededor de mis sueños.
Así que no despiertes a mi pequeña hermana.
Vete de aquí,
no existes, hada.

Accidente con el disco

El disco viejo de mi padre se rayó
con la espalda de la sombra.
Mi uña caminó sobre sus ríos delgadísimos
y se atragantaron las voces para siempre.
Ni caminar de puntitas evitó despertar su tartamudeo.

Anoche

Tú estabas en mi sueño, padre,
enseñando a hablar a las palomas,
mientras el cielo parecía derrumbarse
y la tormenta se metía hasta mi pecho.
Pero ahí, también, estabas tú, junto a mi ansia,
que te llamaba desde la voz de las palomas.

El pecho materno

El canto de la luna brota de mi madre,
alimenta a mi hermana Estefanía
desde su río que no duerme
y sacia la estatura de la vida.

El tío vivo

Este tiovivo no es hermano de mi padre,
pero en cada vuelta del carrusel
puedo ver en su mirada
que alguna vez fueron amigos.
Gira, gira, caballito,
que en vuelo extendido
llevaremos a mi padre en nuestras alas.

Costumbre

Le quemaron el ombligo al nacer,
repite y repite la abuela señalándome,
como diciendo cada vez un nuevo secreto.
Mi madre sonríe y me dice al oído:
ni el fuego ha podido separarnos.

Duerme, duerme

Duermes, abuela,
tan cerca de la muerte.
Sobre el vitral de los sueños
te reconocen los silencios.

Presencia

Abuelo, estás aquí,
reconozco el olor de los eneros.
Cuánto requiero tu ceguera
para saber de mí en tu mirada.

La vieja fotografía

La vieja foto sobre la pared
oculta el blanco tras su espalda,
¿guarda algún secreto del abuelo?

Es mejor cuando llueve

La lluvia adelgaza
los cristales de las ventanas,
y los recuerdos pueden verse cercanos,
hablarnos al oído, sin prisa.
Es mejor cuando llueve,
porque mi abuelo agiganta su memoria
y nos cuenta del lenguaje lento de los trenes,
de las mujeres que peinaban sus cabellos infinitos
y de las luces que se encendían poco a poco,
como sus ojos cuando llueve.

Por cada cosa en su sitio

Por la lluvia que canta sobre el mar,
por el mar que regresa mis palabras,
por mis palabras que sembró mi padre,
por mi padre semilla de semilla,
por la semilla que nació de un vientre:
por eso soy el sueño de mi madre.

Vigilantes de mi casa

Los grillos cuidan mi casa.
Apenas anochece y se despiertan
con su dardo de voz vigilante.
Ni silban ni gorgorean su desvelo.
Aburren a la luna, a las ranas,
nunca se avergüenzan de su canto oxidado,
¿qué letra consonante se resbala
sobre las rieles de su garganta hueca?

Pan de muerto

Del pan de muerto
me comí todos sus huesitos,
y no sé si dejó algún testamento,
de esos que son cura del tiempo,
pero que saben a esponja azucarada,
a nube fresca derramada en amarillo.

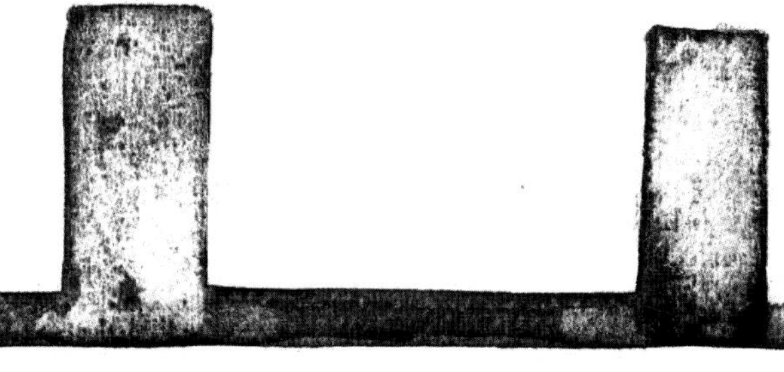

De vacaciones al cementerio

Me senté sobre la tumba de Carrillo Puerto.
Fuimos a visitar un cementerio, famoso, creo,
donde mi otro abuelo está enterrado,
el de más silencio, el de la foto amarillenta,
el que tiene un rifle que parece un palo.

Clase de pintura

El grabado, la acuarela, el óleo
y el huevo para el temple.

Conocí del huevo su destreza,
su pasión de no ser ala sin vuelo,
sino vuelo donde el pincel se levante.
Ahora entro a la cocina con más respeto,
me muevo despacio para no despertarlo
de su sueño de colores y de trazos.

El afilador de cuchillos

El que afila cuchillos
pregona y más pregona
en las puertas morenas.
Es casi tarde y grita
su garganta de rueda;
multiplica un carrizo
al rozarlo en su boca
y enloquece la música.
Pregona y más pregona
mientras lanza sus rayos.

El circo de tres pistas

De fiesta y con cabellos en la frente,
mi hoy fue El circo, el mundo más antiguo.
La armadura no sostiene a un elefante.
El tigre gira sobre su garra.
Un círculo, como de la escuela,
poblado de monos amaestrados,
de hombres de colores amaestrados.
En la otra pista, un vacío redondo se extiende
como un mar incendiado bajo un puente de luces,
bajo un trapecio mordido por una nalga flotante.
Los caballos albinos, como mi primo Manolo,
cabalgan en la orilla y en la niebla que brota de la arcilla,
y mi silla chilla y chilla.
Y luego se enciende otra pista.
Tres pistas en un solo cristal de las gafas del abuelo.
La armadura sí sostiene al elefante.

El circo (con un poco de pesadilla)

I
Miramos al equilibrista
que camina entre mis dos ojos,
sobre nuestras vidas.

II
El payaso olvida su maquillaje:
sale a la pista y todos ríen.

III
¡El mejor acto, el gran acto!
El león devora al domador,
y todos aplaudimos.

IV
Un payaso se columpia
del trapecio a mi nariz.
La música del circo amarilla nuestros ojos.

V
Conocí el vacío:
un trapecio agitándose solo.

Bueno para tiro al blanco

Se amontonó la gente para verme.
Mi primera vez con un rifle de feria.
A mi alrededor, giraban voces
alaaaaaargadas hasta el grito,
y el olor a churros coqueteaba
con mi concentración invencible.
Uno a uno caían los enemigos,
y las alarmas encendían sus bocinas locas.
El triunfo fue total, sin bajas en mi contra.
Sabía disparar, derrotar a muerte a mis adversarios.
Pero algo me supo mal al fin de los disparos
que ni los algodones de azúcar pudieron vencer.

Como persecución

Desde sus cuerpos de barro y de barniz
me siguen los ojos de los santos, ídolos a mano,
sostenidos en las paredes de mi hogar;
me ven como si fuera su labor,
y no puedo cerrar sus párpados duros para siempre
y no puedo cerrar los míos sin estremecerme.

¿Existe el infierno?

Para alejarlo
debo poner una palabra tornasol
sobre la almohada
y hacer tres guiños al ojo de la cerradura.
O, simplemente, borrar estas palabras.

En la tarde

¿Es cierto que los ojos tienen luz, madre?

¿Por qué pregunto si en la tarde de ayer
encontré la mirada del sol en tu mirada?
¿De ahí viene la luz que pones en mis manos,
en mis ojos que pronuncian a mi padre?

¿Por qué muere la noche?

¿Dónde puse mis sueños
que no los encuentro en ninguna mañana?
¿Se fueron como la noche
que no volverá a repetirse?
¿Como mi abuelo paterno
que se llevó mis tres años
y que sólo, a veces, recuerdo
en los ojos de mi padre?

Visitante

Es la lluvia quien llega, ¿quién?
¿Quién, quién?
La pregunta se oculta en el ojo.
¿Llueve en otra ventana?

El árbol muerto

La casa de madera pudo ser guitarra,
pero hubo que alimentar la boca de dientes metálicos del hacha,
verla sangrar entre gritos verdes,
arrebatar el cielo del pájaro.
Vivir en el árbol hubiera sido más fácil.

Deberes escolares

No quiero declamar en el colegio.
Prefiero la poesía en voz baja,
como una lámpara junto a mí,
alumbrando apenas mis ojos
para mirar los ojos de mi madre
o el vuelo breve y secreto de mi breve hermana
dentro de una noche también de voz baja.

La poesía no se entiende

La poesía no se entiende, dijeron mis primos.
Entonces, ¿por qué sé del sol y su mirada rubia,
del viento que celebra con el nombre de mi madre,
de los ríos de leche donde navega mi hermanita,
de la memoria de cristal de mi abuelo,
de la palabra amorosa que mi padre deja caer de sus papeles?

Misterio

"Son gatos, o algún niño recién nacido",
asegura mi madre,
pero ese grito atrapado en alguna parte
lo conocí hace tiempo,
cuando jugaba a ser sombra
en el rincón más oculto de la casa.
Desde mi quietud observé, en esa noche parda,
al espejo gritando en la oscuridad.

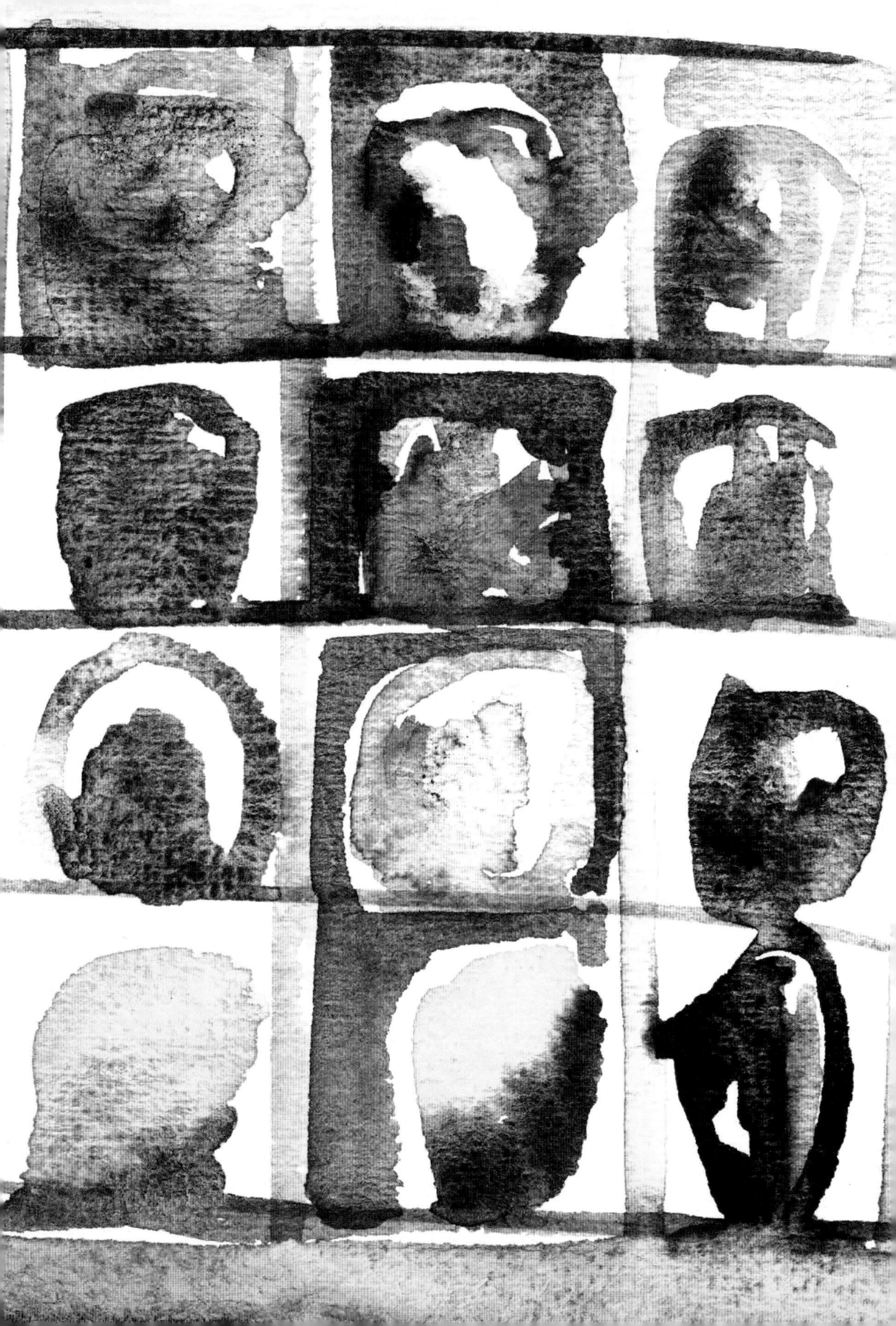

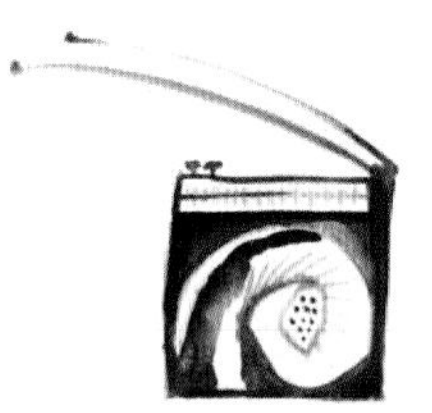

La suerte cambia la vida, de Javier España
se terminó de imprimir en los
talleres de Impresora y Encuadernadora
Progreso, S.A. de C.V. (IEPSA), en el mes de noviembre de 2004.
El tiraje fue de 5 000 ejemplares.